Dankbarkeits *tagebuch* Frauen

Dieses Buch gehört:

Menschen für die ich dankbar bin...

Das macht mich besonders glücklich...

Dieser Spruch bedeutet
viel für mich.....

Weil:

Heute bin ich
dankbar

DATUM

___ / ___ / ___

1
2
3
4

Heute bin ich
dankbar

DATUM

___ / ___ / ___

1
2
3
4

Heute bin ich
dankbar

DATUM

___ / ___ / ___

1
2
3
4

Heute bin ich
dankbar

DATUM

___ / ___ / ___

1
2
3
4

Heute bin ich dankbar

DATUM

___/ ___/ ___

1
2
3
4

1
2
3
4

Heute bin ich dankbar

DATUM

___/ ___/ ___

Heute bin ich dankbar

DATUM

___/ ___/ ___

1
2
3
4

Das hätte diese Woche besser laufen können...

Das war mein Highlight diese Woche...

Heute bin ich dankbar

DATUM

___ / ___ / ___

1
2
3
4

1
2
3
4

Heute bin ich dankbar

DATUM

___ / ___ / ___

Heute bin ich dankbar

DATUM

___ / ___ / ___

1
2
3
4

1
2
3
4

Heute bin ich dankbar

DATUM

___ / ___ / ___

Heute bin ich
dankbar

DATUM

___/ ___/ ___

1
2
3
4

Heute bin ich
dankbar

DATUM

___/ ___/ ___

1
2
3
4

Heute bin ich
dankbar

DATUM

___/ ___/ ___

1
2
3
4

Das hätte diese Woche besser laufen können...

Das war mein Highlight diese Woche...

Heute bin ich
dankbar

DATUM

___/ ___/ ___

1
2
3
4

Heute bin ich
dankbar

DATUM

___/ ___/ ___

1
2
3
4

Heute bin ich
dankbar

DATUM

___/ ___/ ___

1
2
3
4

Heute bin ich
dankbar

DATUM

___/ ___/ ___

1
2
3
4

Heute bin ich
dankbar

DATUM

___/ ___/ ___

1
2
3
4

1
2
3
4

Heute bin ich
dankbar

DATUM

___/ ___/ ___

Heute bin ich
dankbar

DATUM

___/ ___/ ___

1
2
3
4

Das hätte diese Woche besser laufen können...

Das war mein Highlight diese Woche...

Heute bin ich dankbar

1

2

3

4

DATUM

___/ ___/ ___

1

2

3

4

Heute bin ich dankbar

DATUM

___/ ___/ ___

Heute bin ich dankbar

1

2

3

4

DATUM

___/ ___/ ___

1

2

3

4

Heute bin ich dankbar

DATUM

___/ ___/ ___

Heute bin ich
dankbar

DATUM

____/ ____/ ___

1
2
3
4

1
2
3
4

Heute bin ich
dankbar

DATUM

____/ ____/ ___

Heute bin ich
dankbar

DATUM

____/ ____/ ___

1
2
3
4

Das hätte diese Woche besser laufen können…

Das war mein Highlight diese Woche…

Menschen für die ich dankbar bin…

Das macht mich besonders glücklich…

Dieser Spruch bedeutet
viel für mich.....

Weil:

Heute bin ich
dankbar

DATUM

___/ ___/ ___

1
2
3
4

1
2
3
4

Heute bin ich
dankbar

DATUM

___/ ___/ ___

Heute bin ich
dankbar

DATUM

___/ ___/ ___

1
2
3
4

1
2
3
4

Heute bin ich
dankbar

DATUM

___/ ___/ ___

Heute bin ich
dankbar

DATUM

___/ ___/ ___

1
2
3
4

1
2
3
4

Heute bin ich
dankbar

DATUM

___/ ___/ ___

Heute bin ich
dankbar

DATUM

___/ ___/ ___

1
2
3
4

Das hätte diese Woche besser laufen können...

Das war mein Highlight diese Woche...

Heute bin ich
dankbar

DATUM

___ / ___ / ___

1
2
3
4

___

Heute bin ich
dankbar

DATUM

___ / ___ / ___

1
2
3
4

Heute bin ich
dankbar

DATUM

___ / ___ / ___

1
2
3
4

___

Heute bin ich
dankbar

DATUM

___ / ___ / ___

1
2
3
4

Heute bin ich
dankbar

DATUM
___ / ___ / ___

1
2
3
4

1
2
3
4

Heute bin ich
dankbar

DATUM
___ / ___ / ___

Heute bin ich
dankbar

DATUM
___ / ___ / ___

1
2
3
4

Das hätte diese Woche besser laufen können...

Das war mein Highlight diese Woche...

Heute bin ich
dankbar

DATUM

___ / ___ / ___

1
2
3
4

1
2
3
4

Heute bin ich
dankbar

DATUM

___ / ___ / ___

Heute bin ich
dankbar

DATUM

___ / ___ / ___

1
2
3
4

1
2
3
4

Heute bin ich
dankbar

DATUM

___ / ___ / ___

Heute bin ich
dankbar

DATUM

___/ ___/ ___

1

2

3

4

1

2

3

4

Heute bin ich
dankbar

DATUM

___/ ___/ ___

Heute bin ich
dankbar

DATUM

___/ ___/ ___

1

2

3

4

Das hätte diese Woche besser laufen können...

Das war mein Highlight diese Woche...

Heute bin ich
dankbar

DATUM

___/ ___/ ___

1
2
3
4

1
2
3
4

Heute bin ich
dankbar

DATUM

___/ ___/ ___

Heute bin ich
dankbar

DATUM

___/ ___/ ___

1
2
3
4

1
2
3
4

Heute bin ich
dankbar

DATUM

___/ ___/ ___

Heute bin ich dankbar

DATUM
___ / ___ / ___

1
2
3
4

1
2
3
4

Heute bin ich dankbar

DATUM
___ / ___ / ___

Heute bin ich dankbar

DATUM
___ / ___ / ___

1
2
3
4

Das hätte diese Woche besser laufen können...

Das war mein Highlight diese Woche...

Menschen für die ich dankbar bin...

Das macht mich besonders glücklich...

Dieser Spruch bedeutet viel für mich....

Weil:

Heute bin ich
dankbar

DATUM
___ / ___ / ___

1
2
3
4

___

1
2
3
4

Heute bin ich
dankbar

DATUM
___ / ___ / ___

___

Heute bin ich
dankbar

DATUM
___ / ___ / ___

1
2
3
4

___

1
2
3
4

Heute bin ich
dankbar

DATUM
___ / ___ / ___

Heute bin ich
dankbar

DATUM

___/ ___/ ___

1

2

3

4

1

2

3

4

Heute bin ich
dankbar

DATUM

___/ ___/ ___

Heute bin ich
dankbar

DATUM

___/ ___/ ___

1

2

3

4

Das hätte diese Woche besser laufen können...

Das war mein Highlight diese Woche...

Heute bin ich dankbar

DATUM

____/ ____/ ___

1
2
3
4

Heute bin ich dankbar

DATUM

___/ ___/ ___

1
2
3
4

Heute bin ich dankbar

DATUM

___/ ___/ ___

1
2
3
4

Heute bin ich dankbar

DATUM

___/ ___/ ___

1
2
3
4

Heute bin ich
dankbar

DATUM

___/ ___/ ___

1
2
3
4

Heute bin ich
dankbar

DATUM

___/ ___/ ___

1
2
3
4

Heute bin ich
dankbar

DATUM

___/ ___/ ___

1
2
3
4

Das hätte diese Woche besser laufen können...

Das war mein Highlight diese Woche...

Heute bin ich dankbar

DATUM

___ / ___ / ___

1
2
3
4

1
2
3
4

Heute bin ich dankbar

DATUM

___ / ___ / ___

Heute bin ich dankbar

DATUM

___ / ___ / ___

1
2
3
4

1
2
3
4

Heute bin ich dankbar

DATUM

___ / ___ / ___

Heute bin ich dankbar

DATUM

___/ ___/ ___

1
2
3
4

1
2
3
4

Heute bin ich dankbar

DATUM

___/ ___/ ___

Heute bin ich dankbar

DATUM

___/ ___/ ___

1
2
3
4

Das hätte diese Woche besser laufen können…

Das war mein Highlight diese Woche…

Heute bin ich dankbar

DATUM

___/ ___/ ___

1
2
3
4

1
2
3
4

Heute bin ich dankbar

DATUM

___/ ___/ ___

Heute bin ich dankbar

DATUM

___/ ___/ ___

1
2
3
4

1
2
3
4

Heute bin ich dankbar

DATUM

___/ ___/ ___

Heute bin ich
dankbar

DATUM

____/ ____/ ____

1
2
3
4

Heute bin ich
dankbar

DATUM

____/ ____/ ____

1
2
3
4

Heute bin ich
dankbar

DATUM

____/ ____/ ____

1
2
3
4

Das hätte diese Woche besser laufen können...

Das war mein Highlight diese Woche...

Menschen für die ich dankbar bin...

Das macht mich besonders glücklich...

Dieser Spruch bedeutet viel für mich.....

Weil:

Heute bin ich dankbar
DATUM
___/ ___/ ___
1
2
3
4

Heute bin ich dankbar
DATUM
___/ ___/ ___
1
2
3
4

Heute bin ich dankbar
DATUM
___/ ___/ ___
1
2
3
4

Heute bin ich dankbar
DATUM
___/ ___/ ___
1
2
3
4

Heute bin ich
dankbar

DATUM

___ / ___ / ___

1
2
3
4

1
2
3
4

Heute bin ich
dankbar

DATUM

___ / ___ / ___

Heute bin ich
dankbar

DATUM

___ / ___ / ___

1
2
3
4

Das hätte diese Woche besser laufen können...

Das war mein Highlight diese Woche...

Heute bin ich
dankbar

DATUM

___ / ___ / ___

1
2
3
4

1
2
3
4

Heute bin ich
dankbar

DATUM

___ / ___ / ___

Heute bin ich
dankbar

DATUM

___ / ___ / ___

1
2
3
4

1
2
3
4

Heute bin ich
dankbar

DATUM

___ / ___ / ___

Heute bin ich
dankbar

DATUM

____/ ____/ ____

1
2
3
4

1
2
3
4

Heute bin ich
dankbar

DATUM

____/ ____/ ____

Heute bin ich
dankbar

DATUM

____/ ____/ ____

1
2
3
4

Das hätte diese Woche besser laufen können...

Das war mein Highlight diese Woche...

Heute bin ich dankbar

DATUM
___ / ___ / ___

1
2
3
4

1
2
3
4

Heute bin ich dankbar

DATUM
___ / ___ / ___

Heute bin ich dankbar

DATUM
___ / ___ / ___

1
2
3
4

1
2
3
4

Heute bin ich dankbar

DATUM
___ / ___ / ___

Heute bin ich dankbar

1
2
3
4

DATUM

___/ ___/ ___

Heute bin ich dankbar

1
2
3
4

DATUM

___/ ___/ ___

Heute bin ich dankbar

1
2
3
4

DATUM

___/ ___/ ___

Das hätte diese Woche besser laufen können...

Das war mein Highlight diese Woche...

Heute bin ich
dankbar

DATUM

____/ ____/ ____

1
2
3
4

1
2
3
4

Heute bin ich
dankbar

DATUM

____/ ____/ ____

Heute bin ich
dankbar

DATUM

____/ ____/ ____

1
2
3
4

1
2
3
4

Heute bin ich
dankbar

DATUM

____/ ____/ ____

Heute bin ich dankbar

1
2
3
4

DATUM
___/ ___/ ___

1
2
3
4

Heute bin ich dankbar

DATUM
___/ ___/ ___

Heute bin ich dankbar

1
2
3
4

DATUM
___/ ___/ ___

Das hätte diese Woche besser laufen können...

Das war mein Highlight diese Woche...

Menschen für die ich dankbar bin...

Das macht mich besonders glücklich...

Dieser Spruch bedeutet
viel für mich.....

Weil:

Heute bin ich dankbar

1
2
3
4

DATUM
___/ ___/ ___

1
2
3
4

Heute bin ich dankbar

DATUM
___/ ___/ ___

Heute bin ich dankbar

1
2
3
4

DATUM
___/ ___/ ___

1
2
3
4

Heute bin ich dankbar

DATUM
___/ ___/ ___

Heute bin ich
dankbar

DATUM

____/ ____/ ____

1
2
3
4

1
2
3
4

Heute bin ich
dankbar

DATUM

____/ ____/ ____

Heute bin ich
dankbar

DATUM

____/ ____/ ____

1
2
3
4

Das hätte diese Woche besser laufen können…

Das war mein Highlight diese Woche…

Heute bin ich
dankbar

DATUM

___ / ___ / ___

Heute bin ich
dankbar

DATUM

___ / ___ / ___

Heute bin ich
dankbar

DATUM

___ / ___ / ___

Heute bin ich
dankbar

DATUM

___ / ___ / ___

Heute bin ich
dankbar

DATUM

___/ ___/ ___

1
2
3
4

1
2
3
4

Heute bin ich
dankbar

DATUM

___/ ___/ ___

Heute bin ich
dankbar

DATUM

___/ ___/ ___

1
2
3
4

Das hätte diese Woche besser laufen können...

Das war mein Highlight diese Woche...

Heute bin ich
dankbar

DATUM

___ / ___ / ___

1
2
3
4

___

1
2
3
4

Heute bin ich
dankbar

DATUM

___ / ___ / ___

Heute bin ich
dankbar

DATUM

___ / ___ / ___

1
2
3
4

1
2
3
4

Heute bin ich
dankbar

DATUM

___ / ___ / ___

Heute bin ich dankbar

1
2
3
4

DATUM
___/ ___/ ___

1
2
3
4

Heute bin ich dankbar

DATUM
___/ ___/ ___

Heute bin ich dankbar

1
2
3
4

DATUM
___/ ___/ ___

Das hätte diese Woche besser laufen können...

Das war mein Highlight diese Woche...

Heute bin ich dankbar

DATUM

___/ ___/ ___

1
2
3
4

1
2
3
4

Heute bin ich dankbar

DATUM

___/ ___/ ___

Heute bin ich dankbar

DATUM

___/ ___/ ___

1
2
3
4

1
2
3
4

Heute bin ich dankbar

DATUM

___/ ___/ ___

Heute bin ich
dankbar

DATUM

____/ ____/ ____

1
2
3
4

Heute bin ich
dankbar

DATUM

____/ ____/ ____

1
2
3
4

Heute bin ich
dankbar

DATUM

____/ ____/ ____

1
2
3
4

Das hätte diese Woche besser laufen können...

Das war mein Highlight diese Woche...

Menschen für die ich dankbar bin...

Das macht mich besonders glücklich...

Dieser Spruch bedeutet viel für mich....

Weil:

Heute bin ich dankbar

DATUM

___/ ___/ ___

1
2
3
4

1
2
3
4

Heute bin ich dankbar

DATUM

___/ ___/ ___

Heute bin ich dankbar

DATUM

___/ ___/ ___

1
2
3
4

1
2
3
4

Heute bin ich dankbar

DATUM

___/ ___/ ___

Heute bin ich
dankbar

DATUM

___/ ___/ ___

1

2

3

4

1

2

3

4

Heute bin ich
dankbar

DATUM

___/ ___/ ___

Heute bin ich
dankbar

DATUM

___/ ___/ ___

1

2

3

4

Das hätte diese Woche besser laufen können...

Das war mein Highlight diese Woche...

Heute bin ich
dankbar

DATUM

___ / ___ / ___

1

2

3

4

1

2

3

4

Heute bin ich
dankbar

DATUM

___ / ___ / ___

Heute bin ich
dankbar

DATUM

___ / ___ / ___

1

2

3

4

1

2

3

4

Heute bin ich
dankbar

DATUM

___ / ___ / ___

Heute bin ich
dankbar

DATUM

___/ ___/ ___

1
2
3
4

1
2
3
4

Heute bin ich
dankbar

DATUM

___/ ___/ ___

Heute bin ich
dankbar

DATUM

___/ ___/ ___

1
2
3
4

Das hätte diese Woche besser laufen können...

Das war mein Highlight diese Woche...

Heute bin ich
dankbar
DATUM
___ / ___ / ___
1
2
3
4

Heute bin ich
dankbar
DATUM
___ / ___ / ___
1
2
3
4

Heute bin ich
dankbar
DATUM
___ / ___ / ___
1
2
3
4

Heute bin ich
dankbar
DATUM
___ / ___ / ___
1
2
3
4

Heute bin ich
dankbar

DATUM
___/ ___/ ___

1
2
3
4

1
2
3
4

Heute bin ich
dankbar

DATUM
___/ ___/ ___

Heute bin ich
dankbar

DATUM
___/ ___/ ___

1
2
3
4

Das hätte diese Woche besser laufen können...

Das war mein Highlight diese Woche...

Heute bin ich
dankbar

DATUM

___/ ___/ ___

1
2
3
4

Heute bin ich
dankbar

DATUM

___/ ___/ ___

1
2
3
4

Heute bin ich
dankbar

DATUM

___/ ___/ ___

1
2
3
4

Heute bin ich
dankbar

DATUM

___/ ___/ ___

1
2
3
4

Heute bin ich dankbar

DATUM

___/ ___/ ___

1
2
3
4

1
2
3
4

Heute bin ich dankbar

DATUM

___/ ___/ ___

Heute bin ich dankbar

DATUM

___/ ___/ ___

1
2
3
4

Das hätte diese Woche besser laufen können...

Das war mein Highlight diese Woche...

Menschen für die ich dankbar bin...

Das macht mich besonders glücklich...

Dieser Spruch bedeutet
viel für mich....

Weil:

Heute bin ich
dankbar

DATUM

___ / ___ / ___

1

2

3

4

1

2

3

4

Heute bin ich
dankbar

DATUM

___ / ___ / ___

Heute bin ich
dankbar

DATUM

___ / ___ / ___

1

2

3

4

1

2

3

4

Heute bin ich
dankbar

DATUM

___ / ___ / ___

Heute bin ich
dankbar

DATUM

___/ ___/ ___

1
2
3
4

1
2
3
4

Heute bin ich
dankbar

DATUM

___/ ___/ ___

Heute bin ich
dankbar

DATUM

___/ ___/ ___

1
2
3
4

Das hätte diese Woche besser laufen können...

Das war mein Highlight diese Woche...

Heute bin ich
dankbar

DATUM

___/ ___/ ___

1
2
3
4

1
2
3
4

Heute bin ich
dankbar

DATUM

___/ ___/ ___

Heute bin ich
dankbar

DATUM

___/ ___/ ___

1
2
3
4

1
2
3
4

Heute bin ich
dankbar

DATUM

___/ ___/ ___

Heute bin ich dankbar
DATUM
___/ ___/ ___
1
2
3
4
Heute bin ich dankbar
DATUM
___/ ___/ ___
1
2
3
4
Heute bin ich dankbar
DATUM
___/ ___/ ___
1
2
3
4
Das hätte diese Woche besser laufen können...
Das war mein Highlight diese Woche...

Heute bin ich
dankbar

DATUM

___/ ___/ ___

1
2
3
4

1
2
3
4

Heute bin ich
dankbar

DATUM

___/ ___/ ___

Heute bin ich
dankbar

DATUM

___/ ___/ ___

1
2
3
4

1
2
3
4

Heute bin ich
dankbar

DATUM

___/ ___/ ___

Heute bin ich
dankbar

DATUM

____/ ____/ ____

1
2
3
4

1
2
3
4

Heute bin ich
dankbar

DATUM

____/ ____/ ____

Heute bin ich
dankbar

DATUM

____/ ____/ ____

1
2
3
4

Das hätte diese Woche besser laufen können...

Das war mein Highlight diese Woche...

Heute bin ich
dankbar

DATUM

___ / ___ / ___

1
2
3
4

___

Heute bin ich
dankbar

DATUM

___ / ___ / ___

1
2
3
4

Heute bin ich
dankbar

DATUM

___ / ___ / ___

1
2
3
4

Heute bin ich
dankbar

DATUM

___ / ___ / ___

1
2
3
4

Heute bin ich
dankbar

DATUM

___/ ___/ ___

1
2
3
4

1
2
3
4

Heute bin ich
dankbar

DATUM

___/ ___/ ___

Heute bin ich
dankbar

DATUM

___/ ___/ ___

1
2
3
4

Das hätte diese Woche besser laufen können...

Das war mein Highlight diese Woche...

Menschen für die ich dankbar bin...

Das macht mich besonders glücklich...

Dieser Spruch bedeutet viel für mich.....

Weil:

Heute bin ich
dankbar

DATUM

___/ ___/ ___

1
2
3
4

1
2
3
4

Heute bin ich
dankbar

DATUM

___/ ___/ ___

Heute bin ich
dankbar

DATUM

___/ ___/ ___

1
2
3
4

1
2
3
4

Heute bin ich
dankbar

DATUM

___/ ___/ ___

Heute bin ich
dankbar

DATUM

___/ ___/ ___

1
2
3
4

1
2
3
4

Heute bin ich
dankbar

DATUM

___/ ___/ ___

Heute bin ich
dankbar

DATUM

___/ ___/ ___

1
2
3
4

Das hätte diese Woche besser laufen können...

Das war mein Highlight diese Woche...

Heute bin ich
dankbar

DATUM

___/ ___/ ___

1
2
3
4

1
2
3
4

Heute bin ich
dankbar

DATUM

___/ ___/ ___

Heute bin ich
dankbar

DATUM

___/ ___/ ___

1
2
3
4

1
2
3
4

Heute bin ich
dankbar

DATUM

___/ ___/ ___

Heute bin ich
dankbar

DATUM

___/ ___/ ___

1
2
3
4

1
2
3
4

Heute bin ich
dankbar

DATUM

___/ ___/ ___

Heute bin ich
dankbar

DATUM

___/ ___/ ___

1
2
3
4

Das hätte diese Woche besser laufen können...

Das war mein Highlight diese Woche...

Heute bin ich dankbar

DATUM

___/ ___/ ___

1

2

3

4

1

2

3

4

Heute bin ich dankbar

DATUM

___/ ___/ ___

Heute bin ich dankbar

DATUM

___/ ___/ ___

1

2

3

4

1

2

3

4

Heute bin ich dankbar

DATUM

___/ ___/ ___

Heute bin ich dankbar

1
2
3
4

DATUM

___/ ___/ ___

1
2
3
4

Heute bin ich dankbar

DATUM

___/ ___/ ___

Heute bin ich dankbar

1
2
3
4

DATUM

___/ ___/ ___

Das hätte diese Woche besser laufen können...

Das war mein Highlight diese Woche...

Heute bin ich dankbar

DATUM

___ / ___ / ___

1

2

3

4

1

2

3

4

Heute bin ich dankbar

DATUM

___ / ___ / ___

Heute bin ich dankbar

DATUM

___ / ___ / ___

1

2

3

4

1

2

3

4

Heute bin ich dankbar

DATUM

___ / ___ / ___

Heute bin ich
dankbar

DATUM

___ / ___ / ___

1
2
3
4

1
2
3
4

Heute bin ich
dankbar

DATUM

___ / ___ / ___

Heute bin ich
dankbar

DATUM

___ / ___ / ___

1
2
3
4

Das hätte diese Woche besser laufen können...

Das war mein Highlight diese Woche...

Menschen für die ich dankbar bin…

Das macht mich besonders glücklich…

Dieser Spruch bedeutet viel für mich....

Weil:

Heute bin ich dankbar

1
2
3
4

DATUM

___/ ___/ ___

1
2
3
4

Heute bin ich dankbar

DATUM

___/ ___/ ___

Heute bin ich dankbar

1
2
3
4

DATUM

___/ ___/ ___

1
2
3
4

Heute bin ich dankbar

DATUM

___/ ___/ ___

Heute bin ich dankbar

DATUM

___ / ___ / ___

1
2
3
4

1
2
3
4

Heute bin ich dankbar

DATUM

___ / ___ / ___

Heute bin ich dankbar

DATUM

___ / ___ / ___

1
2
3
4

Das hätte diese Woche besser laufen können...

Das war mein Highlight diese Woche...

Heute bin ich dankbar

DATUM

___/ ___/ ___

1
2
3
4

1
2
3
4

Heute bin ich dankbar

DATUM

___/ ___/ ___

Heute bin ich dankbar

DATUM

___/ ___/ ___

1
2
3
4

1
2
3
4

Heute bin ich dankbar

DATUM

___/ ___/ ___

Heute bin ich
dankbar

DATUM

___/ ___/ ___

1

2

3

4

1

2

3

4

Heute bin ich
dankbar

DATUM

___/ ___/ ___

Heute bin ich
dankbar

DATUM

___/ ___/ ___

1

2

3

4

Das hätte diese Woche besser laufen können...

Das war mein Highlight diese Woche...

Heute bin ich dankbar

DATUM

___/ ___/ ___

1
2
3
4

1
2
3
4

Heute bin ich dankbar

DATUM

___/ ___/ ___

Heute bin ich dankbar

DATUM

___/ ___/ ___

1
2
3
4

1
2
3
4

Heute bin ich dankbar

DATUM

___/ ___/ ___

Heute bin ich dankbar

1
2
3
4

DATUM
___/ ___/ ___

Heute bin ich dankbar

1
2
3
4

DATUM
___/ ___/ ___

Heute bin ich dankbar

1
2
3
4

DATUM
___/ ___/ ___

Das hätte diese Woche besser laufen können…

Das war mein Highlight diese Woche…

Heute bin ich
dankbar

DATUM

___/ ___/ ___

1
2
3
4

1
2
3
4

Heute bin ich
dankbar

DATUM

___/ ___/ ___

Heute bin ich
dankbar

DATUM

___/ ___/ ___

1
2
3
4

1
2
3
4

Heute bin ich
dankbar

DATUM

___/ ___/ ___

Heute bin ich dankbar

1

2

3

4

DATUM

___/ ___/ ___

1

2

3

4

Heute bin ich dankbar

DATUM

___/ ___/ ___

Heute bin ich dankbar

1

2

3

4

DATUM

___/ ___/ ___

Das hätte diese Woche besser laufen können...

Das war mein Highlight diese Woche...

Menschen für die ich dankbar bin...

Das macht mich besonders glücklich...

Dieser Spruch bedeutet
viel für mich.....

Weil:

Heute bin ich
dankbar

DATUM

___/ ___/ ___

1
2
3
4

1
2
3
4

Heute bin ich
dankbar

DATUM

___/ ___/ ___

Heute bin ich
dankbar

DATUM

___/ ___/ ___

1
2
3
4

1
2
3
4

Heute bin ich
dankbar

DATUM

___/ ___/ ___

Heute bin ich
dankbar

DATUM

___/ ___/ ___

1
2
3
4

Heute bin ich
dankbar

DATUM

___/ ___/ ___

1
2
3
4

Heute bin ich
dankbar

DATUM

___/ ___/ ___

1
2
3
4

Das hätte diese Woche besser laufen können...

Das war mein Highlight diese Woche...

Heute bin ich
dankbar

DATUM

___/ ___/ ___

1
2
3
4

1
2
3
4

Heute bin ich
dankbar

DATUM

___/ ___/ ___

Heute bin ich
dankbar

DATUM

___/ ___/ ___

1
2
3
4

1
2
3
4

Heute bin ich
dankbar

DATUM

___/ ___/ ___

Heute bin ich dankbar

1
2
3
4

DATUM
___/ ___/ ___

1
2
3
4

Heute bin ich dankbar

DATUM
___/ ___/ ___

Heute bin ich dankbar

1
2
3
4

DATUM
___/ ___/ ___

Das hätte diese Woche besser laufen können...

Das war mein Highlight diese Woche...

Heute bin ich dankbar

DATUM

___/ ___/ ___

1
2
3
4

Heute bin ich dankbar

DATUM

___/ ___/ ___

1
2
3
4

Heute bin ich dankbar

DATUM

___/ ___/ ___

1
2
3
4

Heute bin ich dankbar

DATUM

___/ ___/ ___

1
2
3
4

Heute bin ich
dankbar

DATUM

___/ ___/ ___

1
2
3
4

1
2
3
4

Heute bin ich
dankbar

DATUM

___/ ___/ ___

Heute bin ich
dankbar

DATUM

___/ ___/ ___

1
2
3
4

Das hätte diese Woche besser laufen können...

Das war mein Highlight diese Woche...

Heute bin ich
dankbar

DATUM

____/ ____/ ___

1
2
3
4

1
2
3
4

Heute bin ich
dankbar

DATUM

____/ ____/ ___

Heute bin ich
dankbar

DATUM

____/ ____/ ___

1
2
3
4

1
2
3
4

Heute bin ich
dankbar

DATUM

____/ ____/ ___

Heute bin ich dankbar

DATUM

___ / ___ / ___

1
2
3
4

Heute bin ich dankbar

DATUM

___ / ___ / ___

1
2
3
4

Heute bin ich dankbar

DATUM

___ / ___ / ___

1
2
3
4

Das hätte diese Woche besser laufen können...

Das war mein Highlight diese Woche...

Menschen für die ich dankbar bin...

Das macht mich besonders glücklich...

Dieser Spruch bedeutet viel für mich.....

Weil:

Heute bin ich
dankbar

DATUM

___/ ___/ ___

1
2
3
4

1
2
3
4

Heute bin ich
dankbar

DATUM

___/ ___/ ___

Heute bin ich
dankbar

DATUM

___/ ___/ ___

1
2
3
4

1
2
3
4

Heute bin ich
dankbar

DATUM

___/ ___/ ___

Heute bin ich
dankbar

DATUM

___/ ___/ ___

1

2

3

4

Heute bin ich
dankbar

DATUM

___/ ___/ ___

1

2

3

4

Heute bin ich
dankbar

DATUM

___/ ___/ ___

1

2

3

4

Das hätte diese Woche besser laufen können...

Das war mein Highlight diese Woche...

Heute bin ich
dankbar

DATUM

___ / ___ / ___

1
2
3
4

1
2
3
4

Heute bin ich
dankbar

DATUM

___ / ___ / ___

Heute bin ich
dankbar

DATUM

___ / ___ / ___

1
2
3
4

1
2
3
4

Heute bin ich
dankbar

DATUM

___ / ___ / ___

Heute bin ich
dankbar

DATUM
___/ ___/ ___

1
2
3
4

1
2
3
4

Heute bin ich
dankbar

DATUM
___/ ___/ ___

Heute bin ich
dankbar

DATUM
___/ ___/ ___

1
2
3
4

Das hätte diese Woche besser laufen können...

Das war mein Highlight diese Woche...

Heute bin ich
dankbar

DATUM

___ / ___ / ___

1
2
3
4

1
2
3
4

Heute bin ich
dankbar

DATUM

___ / ___ / ___

Heute bin ich
dankbar

DATUM

___ / ___ / ___

1
2
3
4

1
2
3
4

Heute bin ich
dankbar

DATUM

___ / ___ / ___

Heute bin ich
dankbar

DATUM

___/ ___/ ___

1
2
3
4

1
2
3
4

Heute bin ich
dankbar

DATUM

___/ ___/ ___

Heute bin ich
dankbar

DATUM

___/ ___/ ___

1
2
3
4

Das hätte diese Woche besser laufen können...

Das war mein Highlight diese Woche...

Heute bin ich
dankbar

DATUM

___/ ___/ ___

1
2
3
4

Heute bin ich
dankbar

DATUM

___/ ___/ ___

1
2
3
4

Heute bin ich
dankbar

DATUM

___/ ___/ ___

1
2
3
4

Heute bin ich
dankbar

DATUM

___/ ___/ ___

1
2
3
4

Heute bin ich
dankbar

DATUM

___/ ___/ ___

1

2

3

4

1

2

3

4

Heute bin ich
dankbar

DATUM

___/ ___/ ___

Heute bin ich
dankbar

DATUM

___/ ___/ ___

1

2

3

4

Das hätte diese Woche besser laufen können…

Das war mein Highlight diese Woche…

Menschen für die ich dankbar bin...

Das macht mich besonders glücklich...

Dieser Spruch bedeutet
viel für mich....

Weil:

Heute bin ich dankbar

DATUM

___/ ___/ ___

1

2

3

4

Heute bin ich dankbar

DATUM

___/ ___/ ___

1

2

3

4

Heute bin ich dankbar

DATUM

___/ ___/ ___

1

2

3

4

Heute bin ich dankbar

DATUM

___/ ___/ ___

1

2

3

4

Heute bin ich dankbar

1
2
3
4

DATUM

___/ ___/ ___

Heute bin ich dankbar

1
2
3
4

DATUM

___/ ___/ ___

Heute bin ich dankbar

1
2
3
4

DATUM

___/ ___/ ___

Das hätte diese Woche besser laufen können...

Das war mein Highlight diese Woche...

Heute bin ich dankbar
DATUM
___ / ___ / ___
1
2
3
4

1
2
3
4
Heute bin ich dankbar
DATUM
___ / ___ / ___

Heute bin ich dankbar
DATUM
___ / ___ / ___
1
2
3
4

1
2
3
4
Heute bin ich dankbar
DATUM
___ / ___ / ___

Heute bin ich
dankbar

DATUM
___/ ___/ ___

1
2
3
4

1
2
3
4

Heute bin ich
dankbar

DATUM
___/ ___/ ___

Heute bin ich
dankbar

DATUM
___/ ___/ ___

1
2
3
4

Das hätte diese Woche besser laufen können...

Das war mein Highlight diese Woche...

Heute bin ich
dankbar

DATUM

___/ ___/ ___

1
2
3
4

1
2
3
4

Heute bin ich
dankbar

DATUM

___/ ___/ ___

Heute bin ich
dankbar

DATUM

___/ ___/ ___

1
2
3
4

1
2
3
4

Heute bin ich
dankbar

DATUM

___/ ___/ ___

Heute bin ich dankbar

1
2
3
4

DATUM

___ / ___ / ___

1
2
3
4

Heute bin ich dankbar

DATUM

___ / ___ / ___

Heute bin ich dankbar

1
2
3
4

DATUM

___ / ___ / ___

Das hätte diese Woche besser laufen können...

Das war mein Highlight diese Woche...

Heute bin ich
dankbar

DATUM

___ / ___ / ___

1
2
3
4

1
2
3
4

Heute bin ich
dankbar

DATUM

___ / ___ / ___

Heute bin ich
dankbar

DATUM

___ / ___ / ___

1
2
3
4

1
2
3
4

Heute bin ich
dankbar

DATUM

___ / ___ / ___

Heute bin ich dankbar

DATUM
___/ ___/ ___

1
2
3
4

Heute bin ich dankbar

DATUM
___/ ___/ ___

1
2
3
4

Heute bin ich dankbar

DATUM
___/ ___/ ___

1
2
3
4

Das hätte diese Woche besser laufen können...

Das war mein Highlight diese Woche...

Menschen für die ich dankbar bin...

Das macht mich besonders glücklich...

Dieser Spruch bedeutet
viel für mich.....

Weil:

Heute bin ich
dankbar

DATUM

____/ ____/ ___

1
2
3
4

1
2
3
4

Heute bin ich
dankbar

DATUM

____/ ____/ ___

Heute bin ich
dankbar

DATUM

____/ ____/ ___

1
2
3
4

1
2
3
4

Heute bin ich
dankbar

DATUM

____/ ____/ ___

Heute bin ich
dankbar

DATUM
____/ ____/ ____

1
2
3
4

Heute bin ich
dankbar

DATUM
____/ ____/ ____

1
2
3
4

Heute bin ich
dankbar

DATUM
____/ ____/ ____

1
2
3
4

Das hätte diese Woche besser laufen können...

Das war mein Highlight diese Woche...

Heute bin ich dankbar

DATUM

___/ ___/ ___

1
2
3
4

1
2
3
4

Heute bin ich dankbar

DATUM

___/ ___/ ___

Heute bin ich dankbar

DATUM

___/ ___/ ___

1
2
3
4

1
2
3
4

Heute bin ich dankbar

DATUM

___/ ___/ ___

Heute bin ich dankbar

1
2
3
4

DATUM
___ / ___ / ___

1
2
3
4

Heute bin ich dankbar

DATUM
___ / ___ / ___

Heute bin ich dankbar

1
2
3
4

DATUM
___ / ___ / ___

Das hätte diese Woche besser laufen können...

Das war mein Highlight diese Woche...

Heute bin ich dankbar

DATUM

___/ ___/ ___

1
2
3
4

Heute bin ich dankbar

DATUM

___/ ___/ ___

1
2
3
4

Heute bin ich dankbar

DATUM

___/ ___/ ___

1
2
3
4

Heute bin ich dankbar

DATUM

___/ ___/ ___

1
2
3
4

Heute bin ich
dankbar

1

2

3

4

DATUM

___/ ___/ ___

Heute bin ich
dankbar

1

2

3

4

DATUM

___/ ___/ ___

Heute bin ich
dankbar

1

2

3

4

DATUM

___/ ___/ ___

Das hätte diese Woche besser laufen können...

Das war mein Highlight diese Woche...

Heute bin ich
dankbar

DATUM

___/ ___/ ___

1

2

3

4

Heute bin ich
dankbar

DATUM

___/ ___/ ___

1

2

3

4

Heute bin ich
dankbar

DATUM

___/ ___/ ___

1

2

3

4

Heute bin ich
dankbar

DATUM

___/ ___/ ___

1

2

3

4

Heute bin ich dankbar

DATUM
___/ ___/ ___

1
2
3
4

1
2
3
4

Heute bin ich dankbar

DATUM
___/ ___/ ___

Heute bin ich dankbar

DATUM
___/ ___/ ___

1
2
3
4

Das hätte diese Woche besser laufen können...

Das war mein Highlight diese Woche...